Wohin?
Warum?
Wie war's?

Norderney

Ute Fischer
Bernhard Siegmund

Ein Buch aus dem

Redaktionsbüro Fischer + Siegmund
In den Rödern 13
64354 Reinheim

Fotos: Albert Bensing (1), Ute Fischer (8), Bernhard Siegmund (17)

Das Buch wurde nach bestem Wissen zusammengestellt. Für die Richtigkeit der beschriebenen Angaben wird keine Gewähr übernommen

ISBN: 978-3-7392-4299-6

Jede Verwertung des Werkes außerhalb der Grenzen des Urheberrechtsgesetzes ist unzulässig und strafbar. Dies gilt insbesondere für Übersetzung, Nachdruck, Mikroverfilmung oder vergleichbare Verfahren sowie die Speicherung in Datenverarbeitungsanlagen.

© 2016 Ute Fischer + Bernhard Siegmund
Herstellung und Verlag: BoD-Books on Demand, Norderstedt

Wohin – warum - wie war´s?

Norderney im Januar

Vorwort

Dies ist kein übliches Reise-Buch. Zwar waren wir als Reisejournalisten Jahrzehnte lang unterwegs und geübt in Reiserecherche und Reisereportagen. Doch diese Geschichte ist eine private, nicht unbedingt objektiv, sondern eher stark subjektiv. Das spiegelt sich nieder in den Flops und Tops, die wir erlebten. Kurz: Wir haben uns als Reisende selbst aufs Maul geschaut, uns selbst zugehört und unsere Gefühle reflektiert, ohne Rücksicht auf irgendjemanden und irgendetwas, außer auf uns selbst.

Erwarten Sie keine komplette Liste der Sehenswürdigkeiten. Wir besuchten Norderney in der zweiten Januarwoche, als die Weihnachtsgäste gerade abgereist waren. Einiges an üblichen Attraktionen fand nicht statt; auch etliche Restaurants waren geschlossen. Man muss verstehen, dass die Insulaner auch mal Luft holen möchten. Uns fehlte es trotzdem weder an Kurzweil noch an gutem Essen.

Fahren Sie doch einfach mal selbst hin!

Ute Fischer + Bernhard Siegmund

Wohin?

Ende Dezember. Die Sonne heizt unseren Wintergarten auf 30 Grad. Frühlingsgefühle! Ein einzelner Barbarazweig zeigt etwas verspätet seine drei mageren Blüten. Der Christbaum, eine standhafte, nadelresistente Nordmanntanne, erwartet irgendwie Winter. Aber draußen riecht es nach Frühling.

Ich will weg. Ein paar Tage nur raus aus dem Festtags-Stress. Weg von Schreibtisch, Computer, E-Mail und Telefon. Ich hab Sehnsucht nach Verlangsamung, nach Nichtstun, höchstens ein bisschen Spazieren, sich dahingleiten lassen und nicht so schnell wieder mit dem neuen Jahr Anfangen.

Mir ist bewusst, dass wir bald schon wieder in diesem Hamsterrad der nicht enden wollenden Tagesaufgaben landen werden, die uns durchs Jahr dreschen. Bernhard, mein Mann, lässt sich schnell überzeugen, dass uns ein paar Tage Tapetenwechsel gut tun werden.

Wohin? Das Ziel muss relativ schnell und einfach zu erreichen sein. Kein Flug. In der ersten Januarwoche sind wir schon häufig auf eine Insel gefahren. Wenn die Weihnachtsurlauber gerade abgehauen waren und die Insel zu einer herrlichen Ruhe kam. Pellworm, Texel, Ameland und Usedom, gleich nach der Maueröffnung, waren solche Ziele.

Auf Spiekeroog macht uns eine Fernseh-Reportage neugierig. Da waren wir noch nie. Bundespräsident Rau sei da häufig gewesen. Nach Borkum hat uns vor zwei Jahren auch so eine Reportage gelockt, allerdings im September mit Rucksack. Hat uns gut gefallen. Und nun?

Der Film über Spiekeroog reißt uns nicht vom Stuhl. Aber eine Insel sollte es jetzt sein. Auf der Deutschlandkarte fahre ich die Inseln mit dem Zeigefinger ab. Wangerooge? Bernhard verzieht die Mundwinkel. Da war er schon mal. Es soll also für uns beide Neuland sein.

Norderney? Wir haben keinerlei Vorstellung von der Insel. Ein lieber Kollege stammt von dort. Als Schwiegersohn Mike von unserem Plan hört, winkt er ab. Da sei alles zugepflastert. Er war mal zu einem Lehrgang dort. Aber, Mike urlaubt aber schon seit Jahren mit Frau und Sohn auf Schiermonnikoog. Die westlichste der westfriesischen (niederländischen) Inseln, praktisch ein Dorf mit einer Düne. Autoverbot. Alles nur Sandwege. Ich war da schon mal für zwei Tage. Warum nicht? Genau das Richtige: Sieben Tage im Bett bleiben, Lesen oder Fernsehen. Wollen wir das? Nein!

Dirk, unser Drucker im Nachbarort, bekommt glänzende Augen, als wir Norderney sagen. Er fährt immer dorthin, wenn er sich ein paar Tage frei machen kann. Gut, Dirk stammt aus Diepholz, hart an der Route in Richtung Emden und Norden. Wenn er seine Eltern besucht, braucht er nur noch zwei Stunden bis zur Inselfähre. „Fahrt nach Norderney" rät er uns inständig. Wir lassen uns überzeugen. Jetzt haben wir also ein Ziel. Und wie kommen wir dort hin?

Wir fahren gerne Bahn. Ich habe eine Bahncard 50, Bernhard müsste voll bezahlen. Die Verbindung erweist sich als grauenhaft. Wenigstens vier Mal umsteigen, Hin- und Rückreise sollen über 350 Euro kosten. Alle Welt redet vom billigen und bequemen Fernbus. Preiswert. Pro Person um die 50 Euro, aber Abfahrt kurz nach 2 Uhr in Frankfurt. Allein das Taxi dahin würde wenigstens 120 Euro kosten, denn so früh fährt kein Öffentlicher Nahverkehr. Und dann noch sechs Stunden Aufenthalt in Bremen. Wozu haben wir ein Auto? 568 Kilometer; Fahrtzeit 5 Stunden 20 Minuten. Bei sparsamer Fahrt unter 8 Liter pro 100 Kilometer würde eine Tankfüllung bis zur Fähre reichen und eine zweite zurück.

Nächster Schritt: Unterkunft.

Wir sind keine Hotel-Urlauber, weil man da seine Tage in einem Schlafzimmer verbringt. Im Internet finden sich jede Menge Ferienwohnungen, angefangen von 49 Euro bis ins Luxussegment mit Sauna und Pool. Am Samstag, den 9. Januar, findet praktisch die Abreise der Weihnachtsurlauber statt; danach wird fast alles frei.

Die meisten Ein-Zimmer-Apartments haben kein Schlafzimmer, stattdessen ein Schrankbett, eine Küchennische, freilich WC und Dusche. Jeden Tag das Bett einpacken, hochklappen und abends wieder herunterlassen? Das ist nichts für mich. In meiner Kindheit hatte ich panische Angst vor Schrankbetten. In meinen Alpträumen klappten die mitten in der Nacht in die Wand oder kamen tagsüber herunter und fielen mir aufs Haupt. Nein, ich will ein richtiges Schlafzimmer, wenigstens ein Doppelbett, auf das man sich auch tagsüber einmal hinflezen kann, ohne das gesamte Wohnzimmer zu blockieren.

Und dann ist da noch der Wunsch, nicht irgendwo in der Pampa zu landen, sondern ziemlich nah am Zentrum, um auch mal ohne lange Wanderung essen gehen zu können. In der Luisenstraße 24, nahe am Strand und nahe am Kurzentrum finde ich das Richtige. Immerhin werden selbst im Januar Konzerte und Kino angeboten. Wichtig ist auch, zu wissen, welche Restaurants in dieser „toten" Zeit offen haben. Zumindest im Internet sind das gar nicht so wenige.

Ich buche also eine Drei-Raum-Wohnung mit separatem Schlafzimmer, separater Küche und Wohnschlafraum, 62 Quadratmeter, geeignet für bis zu vier Personen, im Souterrain. Preis im Winter 75 Euro, Hauptsaison 99,50 Euro. Die Bilder zeigen eine moderne Einrichtung, ein großzügiges Bad, sogar eine Veranda. Der vielversprechende Name: „Meeresbrise".

Mit oder ohne Auto?

Geplant ist, das Auto am Festland zu lassen. Noch bevor ich ausfindig machen kann, wo man dort für wie viel Euro parken kann, siegt Bernhards Hang zur Bequemlichkeit. Diszipliniert packen, alles auf handliche Packstücke verteilen müssen, nicht genug wettergerechte Kleidung mithaben, er findet schnell viele triftige Gründe. Im Augenblick vollführt das Wetter Kapriolen. Im Norden wüten Eis und Schnee. Fähren fallen aus, Passagiere von Spiekeroog hängen wegen Niedrigwasser auf einer

Sandbank fest und warten, vom Roten Kreuz versorgt, sieben Stunden auf die Flut. Überredet, wir nehmen das Auto mit auf die Insel.

Ich rechne mir die Kosten schön. Das Parken in Norddeich kostet für eine Woche wenigstens 35 Euro, die Überfahrt fürs Auto 82 Euro. Dafür könnten wir Bettwäsche mitnehmen und die Wäsche-Pauschale von 65 Euro sparen. Unser Vermieter zieht uns diesen Zahn. Die Pauschale umfasst außer Wäsche viele andere Einzelposten und lässt sich nicht aufteilen. Da hab ich wohl nicht aufmerksam genug gelesen. Dabei gibt es wesentlich preiswertere Wohnungen einschließlich Wäsche. Ich will mich nicht ärgern! Ich will auf die Insel!

Die Anreise

Der Wetterbericht macht Mut. Ausgerechnet morgen, Samstag, sollen die Temperaturen steigen. Gegen 10 Uhr loszufahren, um die Fähre um 16.45 Uhr zu erreichen, erscheint uns realistisch. Wie üblich lässt sich Bernhard von mir fahren. Inzwischen ist er ein recht angenehmer Beifahrer und grummelt nur noch sehr selten. Ich fahre in aller Ruhe, wir machen eine kurze Pinkel-Pause. Das Navi signalisiert uns eine sich stetig verkürzende voraussichtliche Ankunftszeit in Norddeich-Mole. Unausgesprochen liebäugeln wir beide damit, eine Fähre früher um 15.30 Uhr erreichen zu können. Instinktiv gebe ich Gas, um noch mehr Zeit herauszuschinden. Bernhard bemerkt das grinsend: „Na, kannst du nicht schnell genug nach Norderney kommen?" Wir beginnen zu rechnen. Wenn wir an der Fähre aussteigen, um das Ticket an einem Schalter zu kaufen, könnte es sehr, sehr knapp werden. Die Benzinuhr bewegt sich auf Reserve zu, schneller, als uns lieb ist.

Wir verlassen die Autobahn. Bernhard versucht auf dem Handy zu ergründen, welche Tankstellen Sprit zu welchen Preisen anbieten. Die Tankstelle auf Norderney erscheint nicht bei den Billigeren. Inzwischen liegt unsere prognostizierte Ankunftszeit schon knapp 20 Minuten vor dem Limit. Das müsste für einen kurzen Tankstop mit zehn Litern reichen. Ich stoppe an der nächsten Tankstelle. Bernhard läuft schon mal zur Kasse, während ich nachtanke. Bernhard mosert bei der Rückkehr:„Was hast du denn so lange gemacht? Ich musste noch auf den Tank-Schluss warten." Ich gestehe, dass ich 20 Liter getankt habe. Weniger hätte auch gereicht, denn nun zeigt die Tankuhr wieder halb voll an.

Auch wenn wir nun hinter einer Fahrzeugkolonne rumzuckeln müssen, erreichen wir die Fähre um 15.12 Uhr. Der Ticketverkauf verläuft problemlos aus dem Auto heraus und wir dürfen in Spur 2 fahren. Das Ticket, so scheint es, ähnelt einer Kreditkarte. Norderney-Card ist zu lesen. Die große Anzahl an Autospuren zeigt, was hier in der Hochsaison los sein muss. Jetzt sind es gerade mal zwölf Autos und ein Anhänger mit Strohballen, die nun nach kurzer Pause aufs Deck rollen dürfen. Geschafft.

Der Restaurant- und Aufenthaltsbereich im Bauch der Fähre reicht fast über die gesamte Schiffslänge. Es duftet verführerisch nach Essen. Es ist uns klar, dass die Krabben in der Speisekarte zum Puhlen eine weite Reise hinter sich gebracht haben, aber uns ist nach Kartoffelsuppe mit Krabben und einem Krabbenbrötchen, die wir uns teilen. Draußen herrscht Waschküche, es hätte also keines Fensterplatzes bedurft. Auch weil uns der Kapitän über Lautsprecher eine Horde von 30 bis 40 Seehunden auf einer Sandbank avisiert. Sie sind im Dunst nur vage zu erkennen.

Der etwas schüchterne junge Mann an unserm Tisch hat sein Würstchen schon aufgegessen, bevor wir unsere Bestellung aufgegeben haben. Allmählich taut er ein bisschen auf und plaudert über die Fährverbindung, die sich wie eine Schlangenlinie durch das Watt winden muss. Da fallen häufiger Fähren aus, wenn die „Handbreit Wasser unterm Kiel" nicht gewährleistet ist. Er fährt nur an den Wochenenden zu seiner Freundin auf die Insel. Mit Insider-Tipps bei Restaurants kann er uns also nicht dienen. Wir kündigen unserem Vermieter die Ankunftszeit an, damit er uns die Schlüssel zum Appartement bringt. In einer großen Kurve laufen wir im Fährhafen von Norderney ein.

Ankunft auf der Insel

Bernhard versucht das Navi auf unsere Ferienadresse zu programmieren. Irgendetwas klappt nicht, denn wir werden immer wieder zum Fährhafen gelotst. Mit einem aus dem Internet ausgedruckten Stadtplan kommen wir auch nicht weiter? Ich habe zwar eine ungefähre Ahnung, wo unsere Wohnung liegen könnte. Doch die Dunkelheit erschwert die Orientierung. Erst als Bernhard merkt, dass das Navi uns dauernd nach Hause, also auf die Fähre leiten will und die richtige Adresse neu eingibt, erreichen wir ziemlich schnell aber entnervt unser Ziel. Der Vermieter beziehungsweise dessen Vermittler wartet schon.

Die Luisenstraße sieht aus wie eine normale Wohnstraße mit aneinandergrenzenden zweistöckigen Häusern, manche in so genannter weißer Bäderarchitektur, die meisten schmucklose Zweckbauten. Man riecht das Meer, so nahe ist die Strandpromenade. Wo können wir parken? Die Miene des Vermieters verzieht sich. „Hier können sie nicht parken, bei uns herrscht Autoverbot. Sie dürfen nur eine Stunde nach der Ankunft hierher fahren und dann wieder bei der Abreise". Schluck. „Warum erfährt man das nicht, wenn man bucht?". Er: „Das steht überall auf der Norderney-Seite im Internet".

Autos auf Norderney müssen „vor" der Stadt geparkt werden. Es gibt einen Riesenparkplatz in der Nähe des Fährhafens und zwei kleinere hinter dem Haus der Schifffahrt. Vorteil: In dieser Jahreszeit muss man nicht auch noch Parkgebühren bezahlen. Bis Ostern ist Parken auf dem Kurzzeit-Parkplatz kostenlos. Der Rückweg in der Dunkelheit führt uns durch einige Fußgängerzonen, vorbei am Laden „Fisch-Werk" der auch warme Snacks zubereitet. Wir wählen zwei Fischfrikadellen, zwei Tranchen Stremellachs und ein Lachswürstchen. Zum Glück kalt, denn der junge Mann hinter dem Tresen beherrscht unsere Sprache offensichtlich nur mangelhaft und benötigt schon zum Auswählen und Verpacken eine gefühlte Unendlichkeit. Das wird unser Abendbrot, weil wir keine Lust haben, jetzt auch noch ein Restaurant zu suchen. Eine Mikrowelle hatte ich in der Küche gesehen. Eine Flasche Rotwein und Wasser haben wir in unseren Vorräten. Zum geplanten gemütlichen Fernsehabend fehlten uns etliche Fernsehsender, weil über den Kabelanschluss nur eine begrenzte Anzahl und das teilweise mit schlechter, verrauschter Qualität angeboten werden. Der heimische Satellitenempfang hat uns eben verwöhnt. Für das fehlende WLan hatte der Vermieter gleich die passende Ausrede zur Hand: Man wolle verhindern, dass die Kinder ständig an ihrem Handy herumdaddeln. Dass das Surfen im Internet auf diese Weise für die Eltern einfach nur wesentlich teurer wird und für interessierte Erwachsene ein heutzutage wesentliches Komfortmerkmal fehlt, steht auf einem anderen Blatt.

Außen pfui, innen hui

Wir wissen schon, dass es eigentlich andersherum heißt. Aber wie soll man sonst beschreiben, wenn die wirklich sehr schön ausgestattete Ferienwohnung in einem Haus liegt, das von außen heruntergekommen aussieht? Die Außenfassade von Wind, Wetter und Jahrzehnten abgewetzt, grau, verwahrlost. Dies war wohl mal stolze weiße Bäderarchitektur? Wie wir später erfahren, soll das ein Kapitänshaus gewesen sein. Die Klingelschilder bröselnd, nahezu unlesbar. Die Bewegungsmelder so kurz eingestellt, dass man viele Schritte ins Dunkel machen muss, bis das Licht für ein paar Sekunden aufleuchtet und schnell wieder erlischt. Unser Eingang im Hinterhof: schäbig, unter einer stählernen Wendeltreppe, an der sich Bernhard gleich heftig den Kopf stößt, weil der Bewegungsmelder nur verzögert Licht spendet.

Das alles erinnerte mich an den Roman Mausohr, in dem ein Paar mit seinem kleinen Sohn unter der Asphaltdecke einer Hamburger Stra-

ße dahinvegetierte, mit einem Gullydeckel als Verbindung zum Tageslicht. Es ist mir stets unangenehm, dieses Haus betreten zu müssen. Ich fühle mich schuldig, dass ich bei der Auswahl unserer Ferienwohnung nicht sensibler gewesen bin, nicht besser aufgepasst habe. Wenn eine Urlaubswoche schon mit solchen Gefühlen beginnt?

Dass das Schlafzimmer gerade Platz für ein Doppelbett und zwei Lämpchen bieten würde, war uns klar. Wir hatten ja ein Foto gesehen. Dass aber zwischen Bett und Wand jeweils nur 29 Zentimeter Platz war, beengte uns schon sehr. Wären wir korpulent, hätten wir große Probleme. Eigentlich unglaublich, dass man so etwas als Schlafzimmer anbietet. Als Nachttischchen dienen winzige Wandkonsolen, allerdings mit einer raffinierten Lampe, die sich durch leichtes Berühren des Lampenkörpers in drei Stufen ein- und ausschalten lässt. Platz für unser Handy zum Wecken und das obligate Glas Wasser ist da aber kaum zu finden. Beim Laken hatte die Servicemaid auch gespart. Statt für jede Matratze ein Laken festeinzuziehen, hatte sie ein zu schmales Laken über beide Matratzen gespannt, so dass die Außenseiten der Matratzen frei bleiben.

Ernüchterung bringt auch der Gebrauch des

sehr großen Badezimmers, mit seiner großzügigen Dusche. Wie so oft, kaum Ablageplatz für die Utensilien des Kulturbeutels. Als Vielreiser packen wir nur das Nötigste aus und verstauen alles andere – auch nicht gerade Unnötige - immer wieder im Kulturbeutel. Wie sollen hier vier Personen ihren täglichen Körperpflege-Krimskrams unterbringen? Ich suche nach einem Hocker, den man als Ablage dazu stellen könnte und entscheide mich für einen der Stühle aus dem Essbereich. Wie komfortabel könnte das Bad sein, wenn die Inhaber hier ein Wandregal oder einen richtigen Wandschrank dazugestellt hätten. Platz dazu wäre. Wir vermuten, dass die Besitzer dieses Etablissements selbst noch nie ein paar Tage hier verbracht haben; sonst wäre ihnen das aufgefallen.

Wohnen ohne Tageslicht

Noch mehr Ernüchterung, ja große Enttäuschung bringt der nächste Morgen. Während wir am Vorabend in Dunkelheit angekommen waren, wird uns nun klar: Wir sind hier in einem umgebauten Keller gelandet. Die Unterkante des Schlafzimmer-Fensters liegt in etwa 1,5 Metern Höhe auf Straßenniveau. Die Aussicht zieren parkende Fahrräder. Noch im Bett liegend spüren wir die Erschütterung der Straße durch vorbeifahrende Autos. Da sind wir über das fast autofreie Norderney froh. Die nebenan liegende Küche mit Designer-Esstisch, Designer-Lampe und zwei Gemälden mit roten Mohnblüten hat gar kein Fenster. Nur ein sparsames Licht in der Abzugshaube über der Küchenzeile erleuchtet die Arbeitsfläche. Porzellan ist genug da. Auch ordentliche Bestecke und ein Messerblock mit ausreichend Werkzeugen stehen zur Verfügung. Im Wohnzimmer präsentiert ein Gläserschrank gute Trinkgläsern und sogar einer Karaffe zum Dekantieren von Wein. Eine Teekanne suche ich in der Küche jedoch vergeblich. Kaum zu glauben - und das in Ostfriesland, wo Teezeremonien zelebriert werden.

Wir sind Teetrinker und haben selbstverständ-

lich losen Tee und Filtertüten mitgebracht und müssen nun mit einem Stieltopf hantieren, aus dem wir die Tassen befüllen. Schlimm genug, in einem Metalltopf Tee aufzubrühen. Die

Glaskanne der Kaffeemaschine mit ihrem eingebrannten Kaffeerest eignet sich dafür schon gar nicht. Dem Vermittler werfe ich am Telefon meinen ganzen Frust an den Kopf: Den abgebrochenen Einschalthebel am Wasserkocher, das Radio, das keinen einzigen Sender empfängt, die fehlenden Deckel beider Mülleimer in der Küche, in die darüber hängende Küchenhandtücher abstürzen und so unbrauchbar werden, wenn sie von der provisorischen Aufhängung am Untergestell der Mikrowelle fallen. Ganz unmöglich finden wir den Blick aus den beiden Wohnzimmerfenstern nur auf eine Mülltonnen-Galerie. Vor dem „grellen" Tageslicht schützt uns ein Holzbalkon und dessen dunkle Unterseite. Wir sind wirklich im Keller gelandet. Der lichtlose Küchen- und Essraum misst gerade mal 1,91 Meter in der Höhe. Und das uns, die wir zuhause in einem lichtdurchfluteten sieben Meter hohen Wintergarten viel Stunden verbringen. Wir werden die nächsten Tage vor die Haustüre treten müssen, um über den Mülltonnen und einer Trennwand zum Nachbarhaus sehen zu können, ob es hell ist, ob es regnet oder ob womöglich die Sonne scheint.

Sonntagsruhe

Nach dem Frühstück versuchen wir uns zu orientieren. Noch haben wir nur zwei kleine Ortspläne, Ausdrucke aus dem Internet. Zunächst fühlen wir uns wie in einem Irrgarten. Kleine schmale Sträßchen führen immer wieder durch Fußgängerzonen. Offensichtlich eine geschickte Unterbrechung des Autoverkehrs. Recht schnell erreichen wir dennoch den Kurplatz. Ein großer Rasenplatz mit tannengeschmückten Wegen. Dazwischen mit Mulch abgedeckte Flächen von den Weihnachts-Installationen. Eingerahmt wird er vom Conversationshaus, dem Badehaus und dem Rathaus mit der Kurverwaltung. Der langgestreckte Bau des Conversationshauses beherrscht eine ganze Seite des Platzes. Das ehemalige Kurhaus gehörte zu den ersten Gebäuden, die im Jahr 1800 zur Eröffnung des Seebades Norderney errichtet wurden. Das hölzerne Gebäude auf steinernen Fundamenten mit einem großen Saal und drei Zimmern diente als Aufenthaltsraum für die Gäste. Schon 1844 folgte der Neubau ungefähr in der jetzigen Größe.

Conversationshaus

Der Name steht in goldenen Lettern über dem mächtigen Säulenportal, dessen schwere Türen sich auf Knopfdruck behindertengerecht öffnen. Das Gebäude gehört heute zu den bedeutenden Profanbauten im nordwestlichen Deutschland. Wie der Name sagt, dient es der Konversation und Kommunikation. Hier kann man sich tagsüber aufhalten, verabreden, auf Toilette gehen, Andenken und Postkarten kaufen, etwas essen und trinken In der großen

Halle mit einem Glasdach erwartet die Touristinformation den Besucher auf der rechten Seite. Ist heute am Sonntag aber geschlossen. Davor laden bequeme Sessel und Stühle zum Verweilen ein. Kleine Tische mit bekannten Brettspielen als Oberfläche finden gerade keine Benutzer. Große schwarze Infostände halten verschiedene Druckschriften bereit. Eine Reihe von PCs erlaubt die Nutzung des Internets über das hier vorhandene WLAN. Das wollen wir später versuchen. Geschlossen ist auch die Bücherei im hinteren Bereich. Der Andenkenladen wirkt ziemlich besucherleer. Da bleibt also Zeit für ein Schwätzchen. Ein bisschen ersetzt die nette Verkäuferin mit ihren Informationen die Touristinformation. Als ich über

das Postkartenmotiv mit den Bade-Wagen meckere, dies sei doch austauschbar, belehrt sie, mich: „Die gibt es nur auf Norderney!" Aha.

Durch den ehemaligen Kurpark suchen wir uns den Weg zum „Haus Schifffahrt". Die Deutsche Bahn betreibt hier ihren einzigen „Bahnhof" ohne Gleisanschluss. Die Schalter sind hier aber sonntags ebenso geschlossen wie im

benachbarten Büro der Reederei Norden-Frisia. Also verschieben wir auch diesen Besuch auf den nächsten Tag. Direkt neben dem Haus Schifffahrt beginnt unser Parkplatz, an dessen weit entfernter Einfahrt unser Auto steht.

Penny

Nachdem wir heute keine weiteren Dinge erledigen können, verlegen wir unser Auto auf diesen für uns sehr viel günstigeren Standort neben dem Haus Schifffahrt und versuchen den Ort weiter zu erkunden. Insbesondere suchen wir eine Einkaufsmöglichkeit für Wein und einige andere Kleinigkeiten. Am Sonntag sind hier offensichtlich etliche Geschäfte geöffnet, aber wie wir im DM-Markt hören, gibt es die einzige Einkaufsmöglichkeit für Wein im Pennymarkt in der Nähe des Hafens. Also wieder zurück zum Parkplatz und zum Einkaufen fahren. Es ist klar, dass wir hier keine edlen Provenienzen finden würden, aber dann steht da doch ein passabler Cabernet Sauvignon im Regal. Küchenrolle nehmen wir auch gleich mit, denn die fehlt fast in jeder Ferienwohnung, obwohl sie doch so praktisch ist, um Tischdecken zu schützen. Naja, bei uns liegt sowieso nur eine Papiertischdecke mit weihnachtlichen Motiven auf dem sonst edlen Designertisch. Penny am Sonntag ist doch ziemlich besucht. Aber mit den täglichen Einkäufen ist es wohl wie mit den Mieten – und zwar auf allen Nordseeinseln. In den schicken kleinen Geschäften direkt im Zentrum sind die Preise den Gästen angepasst. Da bleibt nur Penny; denn der Frischemarkt weiter am Hafen – vermutlich Edeka – ist geschlossen und zwar endgültig.

Direkt neben dem Markt befindet sich die einzige Tankstelle auf der Insel. Jetzt findet es auch Bernhard gut, dass ich bei unserem kurzen Tankstopp auf der Hinfahrt zehn Liter mehr getankt habe, weil hier der bleifreie Super – es gibt nur eine Sorte – immerhin 25 Cent pro Liter mehr kostet.

Neben verschiedenen Kleinigkeiten beladen wir unseren Kofferraum mit sechs Flaschen Wein und neun Litern Mineralwasser, damit wir genügend Reserven haben. Diesmal parken wir unser Auto wieder hinter dem Haus Schifffahrt. Damit verkürzt sich unser Fußweg nachhause um fast einen Kilometer.

Mittags essen wir unsere Reste von den abendlichen Einkäufen beim „Fisch-Werk". Und nachdem Bernhard seinen täglichen Mittagsschlaf absolviert hat, rüsten wir uns zu einem ersten Besuch am Strand. Bernhard hat seine alten Moon-Boots mitgebracht, die seine Füße besonders warm halten sollen. Es sind tatsächlich nur wenige 100 Meter und schon sind wir auf der großen Strandpromenade, wo uns der Wind tüchtig um die Ohren pfeift. Obwohl Bernhard seine Stiefel zuhause ausprobiert hat, drücken sie so stark, dass wir zunächst einmal wieder nach Hause laufen müssen zum Schuhe Wechseln. Danach spazieren wir eine recht lange Strecke am Strand entlang, wobei uns der Deich vor dem teilweise recht heftigen Wind schützt.

Gegen Abend kommt der Vermittler, ein durchaus freundlicher und hilfsbereiter Mensch, um das Geld bar zu kassieren. Kreditkarten oder Überweisen gehe gar nicht. Die Vermieter seien alles Privatleute und über sein Konto könne er diese Beträge nicht laufen lassen. 590 Euro, pro Tag 75 Euro zuzüglich die 65 Euro für Wäsche und sonst `was. Er bringt einen neuen Wasserkocher mit. Natürlich kann er nichts dafür, dass die Vormieter das Ding kaputt hinterließen und anscheinend nichts gesagt hatten. Wir fragen uns aber, wer kontrolliert hier nach dem Auszug eines Mieters. Die lange Mängelliste lässt hier erhebliche Zweifel aufkommen.

Er bringt uns ein komplettes Teeservice für vier Personen, sogar mit Stövchen, damit wir echt ostfriesisch Tee trinken konnten. Es gibt auch zwei neue Abfalleimer mit Deckel. Den dritten fehlenden Abfalleimer fürs Bad holt er einfach aus der zurzeit unvermieteten Nebenwohnung. Das Radio wird nun, in der Hoffnung auf Empfang, auf ein Fensterbrett gestellt. Gott sei Dank haben wir ein Verlängerungskabel dabei. In der Wohnung ist keines. Ein paar Töne sind tatsächlich zu hören.

Die Tourist-Information, bei der wir unsere Erfahrung später kundtun, meint nur, der Vermieter sei nicht Mitglied im örtlichen Verbund; daher würde diese Wohnung auch nicht kontrolliert. Ja, wenn wir über die Tourist-Information gebucht hätten; diese Wohnungen würden regelmäßig geprüft. Und billiger wären die auch. Danke. Als wir den Vermittler mit dieser Aussage konfrontieren, tobt er. Die hätten überhaupt keine Ahnung.

Unser Norderney-Fan Dirk gesteht später, seine erste Ferienwohnung sei auch kein Brüller gewesen.

Montag – ob die Insel erwacht?

Das Radio tut es nicht. Bernhard stöbert in der Bedienungsanleitung und wir finden die für den Betrieb notwendige Fernbedienung, die noch an dem alten Platz herumliegt. Ohne Batterien. Mein technisch hochbegabter Mann hat natürlich Batterien dabei. Das Radio geht.

Auf zum Conversationshaus. Heute wollen wir uns mit den nötigen Informationen versorgen. Der junge Mann an der Touristinformation schaut zunächst etwas irritiert, als ich nach einer Pressemappe frage, nachdem wir unsere Presseausweise vorgelegt haben. Er verschwindet für einige Zeit hinter einer Tür im Hintergrund und kommt mit einem strahlenden Lächeln zurück. „Wir haben keine fertigen Pressemappen, weil wir die jeweils individuell zusammenstellen. Aber unser Marketingleiter, der sich auch um die Presse- und Öffentlichkeitsarbeit kümmert, ist gerne bereit, all ihre Fragen im persönlichen Gespräch zu beantworten. Sie finden ihn schräg gegenüber im Rathaus in der Kurverwaltung. Fragen Sie nach Herbert Visser."

Der Kurplatz mit dem Rathaus liegt in der Sonne. Denkt man sich die Weihnachtstännchen am Wegrand weg, Sieht es nach Frühling aus.

Tatsächlich empfängt uns Herr Visser sehr freundlich. Als wir nach kurzem Gespräch feststellen, dass wir im Touristikbereich international eine Menge bekannter Kollegen und Freunde haben, beginnt eine lebhafte Unterhaltung und Diskussion. Vor allem erfahren wir hier aus kompetenter Hand, eine Menge Hintergrund über Norderney.

Eine Insel erfindet sich neu

Vor etwa 15 Jahren gab es einschneidende Veränderungen auf Norderney. Wegen der vielen Kegelclubs und Vereinsmeier hatte die Insel schon den Beinamen „Ballermann des Nordens" abbekommen (O-Ton Bürgermeister Frank Ullrichs auf dem Neujahrsempfang im Conversationshaus). Ganze Horden trinkfreudiger Gesellen fielen seinerzeit mit Grölen und Saufen schon auf der Fähre auf. Große Besäufnisse und Schlägereien waren an der Tagesordnung. Die Kurtaxe gab es zwar schon, aber irgendwie kam man auf keinen grünen Zweig. Und man wollte auch das Image der Insel in eine andere Richtung korrigieren.

Freilich wird aus Norderney niemals Sylt werden; ob das erstrebenswert ist, sei dahin gestellt. Jedenfalls legte das niedersächsische Staatsbad dem Land Niedersachsen einen routinierten Plan vor, wie sich Finanzlage und Zukunft der Insel dauerhaft stabilisieren und aufpolieren ließen. Die Initiatoren müssen sehr gut verhandelt und argumentiert haben; denn das Land entließ das Staatsbad in die wirtschaftliche Selbstständigkeit und stellte ihr 100 Millionen Euro zur Verfügung. Das Ergebnis kann sich sehen lassen. Die Strandpromenade ist ein Schmuckstück, die städtische Infrastruktur ist modernisiert, der Autoverkehr reglementiert und minimiert. Die Kur- und Badeeinrichtungen sind vorbildlich und nahezu einzigartig. Das „bade:haus" sei das größte Thalassohaus Deutschlands, vor allem Anwendungen mit allen Aggregatzuständen von Meerwasser, Schlick und Luft. Wir waren nicht drin, weil wir keine Warmbader sind und zuhause selbst eine Sauna haben. Aber es soll gigantisch, wohltuend, prickelnd und inspirierend sein. www.badehaus-norderney.de

Die Norderney-Card (NC)

An vielen Stellen in der Stadt sieht man die NC-Automaten. Wir hielten die zunächst für Bank-Automaten, obwohl uns die Häufigkeit irritierte. Nein, damit kann man seine Kurtaxe, die hier „Service-Beitrag" heißt, bezahlen und viele Serviceleistungen buchen. Die NC selbst erhält man mit dem Ticket für die Fähre. Damit sich niemand vorbeimogeln kann, muss die NC bei der Rückfahrt an der Fähre wieder abgegeben werden. Spätestens da fällt die fehlende Zahlung der Kurtaxe auf. Man wird zur Kasse gebeten; denn es ist sichtbar, wie lange man auf der Insel war.

Kurtaxe pro Tag im Winter	2016
Erwachsene ab 18.Jahren	1,70 €
Jugendliche 14 bis 17 Jahre	0,85 €

Die Suche nach den angeblichen Vorteilen dieser Karte empfanden wir, zumindest im Winter, fast ausnahmslos als Disziplinierung, um sicherzustellen, dass jeder seinen Kurbeitrag bezahlt.

Kostenfrei mit NC ist zum Beispiel in der Wintersaison

- Der Zugang zum Conversationshaus
- Internetbenutzung im Badehaus und im Conversationshaus (siehe eigenes Kapitel)
- Thalasso-Plattformen ??? (gemeint sind die öffentlich zugänglichen Aussichtsdünen)
- Zugang zur Tourist-Information (ist im Conversationshaus)
- Spieltische im Conversationshaus (da kann sich jeder dransetzen, auch ohne NC)
- Boule im Kurgarten (nichts zu sehen)

- Leseräume im Conversationshaus (kontrolliert niemand)

Vergünstigungen mit NC

- Badehaus Norderney: 3,00 Euro, 6 Euro für das Nachtschwimmen
- Bibliothek im Conversationshaus
- NorderneyCard-Bus innerstädtisch: 1 Euro
- Kino: 3 Euro
- Top-Veranstaltungsangebote: Klassik, Theater, Kabarett, Konzerte, Sport, Open-Air.

Am Rande: Alle Norderneyer besitzen eine NC. Weil sie als ehemalige Piraten (O-Ton Marketingleiter Herbert Visser) aber zu vornehm sind, diese Card vorzuzeigen, fand man die Regelung, dass ohne NC der Aufschlag, der ja eine Ermäßigung sein soll, zugerechnet wird.

Die Kurverwaltung empfiehlt, sich mit der Card namentlich registrieren zu lassen, in dem man einen Coupon mit seiner Adresse abgibt. Damit füttert man natürlich die Adressdatei der Insel-Verwaltung, erhält vermutlich wiederkehrende Angebote in der mauen Saison. Vorteil laut Kurverwaltung: Wenn man die Card verliert, erhält man für 5,50 Euro eine Ersatzkarte. Für diesen Fall ist es auch sinnvoll, die Fährquittung, die Bahnfahrkarte und die NC-Quittung aufzubewahren. Außerdem: Wenn man öfter in einem Jahr wiederkommt, kann man die bereits bezahlten Kurbeiträge auf eine Jahreskurkarte anrechnen lassen.

Die Card ist trotzdem notwendig, damit man bei der Abreise beweisen kann, dass man seine Kurtaxe bezahlt hat. Ohne gültigen Beweis für das Ankunftsdatum (Card oder Quittung von Fähre) wäre dann sogar ein zusätzlicher Jahreskurbeitrag fällig. So diszipliniert man seine Gäste.

Nur nebenbei aus der Tageszeitung Januar 2016: Zwei Friesen klagten unter dem Motto „Freie Friesen fordern freie Strände" bis zum Bundesverwaltungsgericht auf kostenlosen Zugang zum Nordseestrand ihrer Nachbargemeinden Hooksiel und Hornumersiel-Schillig. Sie beriefen sich auf das Bundesnaturschutzgesetz und auf altes Gewohnheitsrecht und gingen trotzdem baden. Seit den Siebzigerjahren hätten gesetzliche Regelungen frühere Gebräuche abgelöst. Tatsächlich sind 90 Prozent der Strände in Niedersachsen nicht frei zugänglich. Von auswärtigen Gästen werden für den Zugang zum Strand von April bis Oktober drei Euro verlangt. Nun fragt man sich, wird man ohne NC am Strand verhaftet und abgeführt?

Ein paar Zahlen: Pro Jahr sind hier 530.000 Urlauber, davon etwa 25.000 über Weihnachten, derzeit im Januar etwa 5.000, die Patienten der Rehakliniken eingerechnet.

Mit einer ordentlichen Stadt- und Landkarte sowie einem Stapel informativer Druckschriften finden wir uns wieder in der Touristikinformation ein, um unsere NC-Karten freischalten zu lassen, damit wir als berufliche Besucher keine Kurtaxe, die hier „Service-Beitrag" heißt, zahlen müssen.

Auf einem der bereitstehenden Computer will ich mal die E-Mails zuhause abzufragen und ein bisschen surfen. Dazu muss man die Norderney-Card auf ein Tableau auflegen und hat dann täglich 15 Minuten WLAN-Zugang. Als ich mich mit meiner NC-Karte einloggen will, wird das mit der Meldung:„NC-Karte freigeschaltet, Login nicht möglich!" verweigert. Der nette junge Mann hinter dem Tresen schaltet den PC mit seiner Karte frei. Ich versuche, mich in meinen Facebook-Account einzuloggen. Es erscheint nur Google, das mich zur Eröffnung eines Accounts auffordert. Das will ich nicht. Es gibt keine Chance, ohne Google in meine Internetsuche zurück zu kehren. Dann eben nicht. Vermutlich stellt Google dieses Gästeprogramm zur Verfügung mit der

Verpflichtung, Gäste-Daten sammeln zu dürfen. Nicht mit mir.

Bei dieser Gelegenheit statte ich der Bücherei, die sich hier Bibliothek nennt, einen Besuch ab. Im historischen Ambiente findet man aktuelle Bücher, die Titel der aktuellen Spiegel-Bestsellerliste, leichte Urlaubslektüre, Thriller, Klassiker, anspruchsvolle Literatur. Ein Buch für drei Wochen kostet einen Euro, Hörbücher und DVDs für eine Woche je 1,50 €. Donnerstag und Sonntag geschlossen; Mittwoch nur vormittags, sonst 10 bis 13.00 Uhr, 14.00 bis 17.00 Uhr. Man kann auch E-Books ausleihen und sogar ein Tolino-Lesegerät für fünf Euro pro Woche. Ein rundum gelungenes Angebot.

Weiter geht es zum Haus Schifffahrt. Hier reservieren wir unsere Rückfahrt auf der Fähre. Natürlich ist um diese Jahreszeit keine überfüllte Fähre zu erwarten. Aber bereits hier setzt sich die lückenlose Kontrolle über die NC-Card fort. Mit einem entsprechenden Pappschild für die Rückreise unseres Auto, gehen wir weiter.

Fahrt in die Dünen

Mit der detaillierten Karte von Herbert Visser – es gibt viele Vissers auf Norderney - wollen wir jetzt die Dünen erobern. Vier Fünftel der

Insel sind eine einzigartige Dünenlandschaft mit bewachsenen Hügeln und unzähligen Sandwegen dazwischen. Wäre es nicht Januar, sondern Frühling, Sommer oder Herbst, und wären wir länger als nur fünf Tage auf der Insel, hätten wir gerne eine schöne Dünenwanderung unternommen. So machen wir uns mit dem Auto auf den Weg. Über die Hafenstraße geht es am Ortsteil Fischerhafen und am Gewerbegebiet vorbei in die Dünenlandschaft.

Gleich am Anfang lockt eine Aussichtsdüne, im Touristikdeutsch „Thalasso-Plattform" genannt, mit einem Rundblick über die Dünenlandschaft. Man muss sie nicht wie eine Sanddüne erklimmen, sondern kann eine bequeme, behindertengerecht Holzrampe hochgehen, die sich mit höhenregulierbaren Stelzen in den Dünenboden stemmt. Oben befindet sich ein windgeschützter designter Aussichtsplatz, der auch zum Meditieren und Entspannen einlädt.

Nachdem wir die meisten Restaurants in den Dünen erfolglos abgeklappert haben – „bis März geschlossen" – fahren wir zum Parkplatz

der Weißen Düne. Vorbei an unendlich langen, leeren Fahrradständern erreichen wir nach etwa 300 Metern Fußweg das Restaurant.

Weiße Düne

Der Holzbau erinnert an eine Skihütte in den Alpen. Langgestreckter Bau mit rustikalem Interieur unter einer Holzbalkendecke. Kompakte Holztische und Stühle, am Eingang schwarze bequeme Ledersofas und Sessel mit niedrigen Couchtischen. Sehr gemütlich. Blick durch große Fenster auf den Dünenkamm. Draußen auf der Terrasse ein paar Strandkörbe mit Lammfellen auf den Sitzflächen. Holzbänke, Holztische, Einmachgläser mit Sand gefüllt für die Raucher. Ein paar Tannenbäume stehen entschmückt noch von den Weihnachtsferien.

Die Speisekarte ist einladend und kreativ.
- Rillettes von der ostfriesischen Landente
- Ostfriesenstulle mit Käse von Bauer Bohlen, Norderneyer Seeluftschinken, Walnuss-Salami, Matjes aus Emden und Nordseekrabben
- Möhren-Ingwersüppchen mit Flusskrebsschwänzen
- Steckrübensuppe mit Mettenden
- Rehbraten mit Rotkraut und Spätzle
- Mandelcrumble mit warmen Zwetschgenröster und Friesischem Joghurt-Eis
- Witzig: 3 Liter Brunnenbier in der Doppelmagnum-Flasche für 29 Euro

Wir lassen uns von einem friesischen Grünkohlessen mit Pinkel, Mettwürstchen und Kassler verführen. Der Senf wird umweltschonend in einem kleinen Glas serviert. Da wir den Grünkohl gerne mit Senf verfeinern, können wir ihn selbst nach Lust und Laune nachwürzen. Der bestellte Tee mit Rum erweist sich als ein ziemlich „steifer" Grog mit separat geliefertem Teebeutel.

Unser Urteil: sehr gutes Preis-Leistungs-Verhältnis, sehr freundliches junges Personal, das mittels Computer flexibel Bestellungen aufnimmt, serviert und auch flott abgerechnet.

Dienstag

Wir wollen noch einmal in die Dünen fahren, weil wir gestern zu sehr nur nach geöffneten Restaurants gesucht haben. Außerdem fehlen mir noch ein paar Fotos.

Die Meierei

Die Haltestelle für den 1er-Bus und etliche weitere Hinweise haben uns mit dem Auto zur Meierei gelockt. 1881 tatsächlich als Meierei erbaut, wurde dort die Milch der hier grasenden Milchkühe verarbeitet und an Kinderheime geliefert. Aber nur bis Anfang des 20. Jahrhunderts; dann verdrängte der Kurbetrieb auf der Insel die letzten Landwirte und ein Gastronomiebetrieb zog in das heute denkmalgeschützte Anwesen ein. Wir finden allerdings nur eine Baustelle, die dem Vernehmen nach ein neues Restaurant mit norddeutschen Spezialitäten und hochwertigen Steaks werden soll. Schaumermal. Die nur mit Klebestreifen deaktivierten Parkverbotsschilder lassen vermuten, dass es hier früher oder später wieder eng wird auf der Straße.

Vorbei am Golfhotel, den Leuchtturm bereits im Visier, erreichen wir den Flugplatz. Von hier starten Rundflüge; man kann aber auch über Norddeich anfliegen. Gerade startet ein Hubschrauber und wir staunen, dass der Flugplatz in dieser Saison in Betrieb ist. Das entpuppt sich als Irrtum. Lediglich die Tür zum beheizten Empfangsgebäude ist offen und dadurch die Toiletten nutzbar. Auch das dort ansässige kleine Restaurant schließt außerhalb der

Saison. Kein Problem, die ganze Insel bietet genügend Einkehrmöglichkeiten. Gerne wären wir auf den Leuchtturm geklettert; aber auch der schließt um diese Zeit ebenso, wie das Leuchtturm-Restaurant. Auch dafür haben wir Verständnis.

Die Autostraße durch die Dünen will mit Vorsicht befahren werden. Nicht wegen des Verkehrs oder wegen der Wanderer. Die vielen Kaninchen riskieren beim Straße Überqueren ständig ihr Leben. Schon auf der Fahrt zum Leuchtturm hatten wir etliche auf der Straße liegen sehen, an denen Möwen versuchten, etwas herauszuzupfen. Und ehe ich mich versehe, springt auch mir so ein kleiner Hoppelmann vors Auto. Mit schlechtem Gewissen

sehe ich ihn im Rückspiegel regungslos auf der Straße liegen. Dabei bin ich gar nicht schnell, aber eben doch zu schnell gefahren. Auf der Rückfahrt trage ich ihn an den Ohren neben die Straße und lege ihn zwischen Flechten nieder. Er ist tot. Aber seine Augen blicken mich verständnislos an. Bei der Weiterfahrt muss ich etlichen dieser kleinen Kadaver ausweichen.

Noch einmal zieht es uns auch zur „weißen Düne". Erst jetzt fällt uns die von Wind und Sturm zerzauste Baumgruppe – Windloopers nennen die das hier – am Parkplatz auf. Das sind für uns begehrte Fotomotive. Wie Skulpturen krümmen sich ihre Stämme und Kronen mehr horizontal als vertikal. Natürlich setzen wir uns noch einmal ins Restaurant. Wenn auch nur auf einen nordfriesischen Pharisäer, Kaffee mit Rum und großer Sahnehaube, damit noch Platz für etwas anderes bleibt.

Norderney-Videostudio für Gäste

Auf dem Rückweg erkennen wir: Der nachgebaute Badewagen auf dem Kurplatz dient als kleines Videostudio. Gäste haben in dieser „Neybox" die Gelegenheit, eine 60 Sekunden lange Grußbotschaft einerseits im offiziellen Norderney-Blog zu hinterlassen, diesen Gruß aber auch an die Lieben Zuhause zu schicken. Problem ist, dass sich der Cursor nur schwer bewegen lässt. Nur unter Gewalteinwirkung ist der Edelstahl-Kugel (gleiches Instrument wie an den PCs im Conversationshaus) etwas Bewegung abzuringen. Das Tourist-Office hat natürlich die Möglichkeit, diesen Blogeintrag zu prüfen und zu entscheiden, ob er wirklich ins Netz geht. Unserer sicher nicht, denn wir erzählten von der wundersamen Aussicht aus unserer Ferienwohnung, von den Mülltonnen vor dem Fenster, und auch, dass wir nicht einmal eine Teekanne vorgefunden hatten. Trotzdem hinterließen wir einen positiven Eindruck mit Küsschen über unser Feeling auf Norderney.

Den Resthunger stillen wir bei Gosch, der Fischkette aus Sylt. Norderneyer hatten uns zwar abgeraten. Sie betrachten das Unternehmen wohl als Hecht im Karpfenteich, weil es kein Norderneyer betreibt. Wir suchen und finden eine Kleinigkeit: Edelfischsuppe 6,90 Euro – reichlich, mit unterschiedlichen Filets,

Krabben und Flusskrebsen – mit Baguette zum Sattessen. Es schmeckt Klasse. Die Auswahl an offenen Weinen ist perfekt.

Wald. Wäldchen. Doch ein richtiger Wald.

Heute wollen wir zu Fuß einen weiteren Teil Norderneys erkunden. Bäume, zumindest Baumstämme hatten wir im Dunkeln bereits bei der Ankunft gesehen. Mitten im Ort. Aber einen richtigen Wald? Zugegeben: Man muss von der Ortsmitte schon ein wenig laufen.

Wir marschieren also von der Luisenstraße (Weststrand) die Friedrichstraße hoch bis zu einer denkwürdigen Steinpyramide, die im Stadtplan als „Denkmal" ausgezeichnet ist. Dieses Kaiser-Wilhelm-Denkmal aus den Jahren 1898/99 besteht aus zur Pyramide aufgestapelten Steinblöcken, die 61 Städte, gekennzeichnet mit ihren Namen, zugeliefert haben. Es erinnert an die Reichsgründung 1871. Dazu gehören zum Beispiel, Köln, Stuttgart, Frankfurt am Main aber auch mein Geburtsort Hof an der Saale.

Historisch geht es weiter durch die Beneke-Straße, benannt nach dem Erbauer der noch heute existierenden Hospizklinik. „Dem Geheimen Medicinal-Rath Professor Dr. Beneke sei es gelungen im Winter 1881 50 Kranke zu einem Winter-Aufenthalt auf der Insel zu motivieren, die im März 1882 erholt und gebessert wieder abreisten", lesen wir hinterher in der Broschüre „Das Königliche Nordseebad Norderney" von Carl Berenberg. Das also war der Beginn der Winterkurgäste.

Schon von Weitem schiebt sich das „Kap" in unsere Blickachse, ein Klinkerturm mit einer Hölzernen Dreiecks-Mütze, der seit 1928 als Wahrzeichen von Norderney dient. Das 1848 aus Holz erbaute Wegzeichen für Seefahrer, wurde 1870 aus Klinkerstein erneuert. Derzeit ist es abgesperrt mit Baugerüst. Im Norderneyer Kurier lesen wir, dass nun, nach 145 Jahren, eine Renovierung fällig sei. Das Kap steht auf einer bewachsenen Düne, um die herum

Kaninchen Fangen spielen. Der Blick reicht hier auf das Wasser zu beiden Seiten der Insel. Besonders vom Norden her röhrt das Meeresbrausen, als führe ein Zug vorbei. Am Horizont rollen kräftige Schaumkronen heran.

Der massive Wasserturm nebenan überragt alle Gebäude. Daneben versteckt sich die Windmühle alter Bauart, angeblich die einzige noch existierende auf den ostfriesischen Inseln.

Von hier aus kann man den „Norderneyer Wald" erkennen, der sich etwa einen Kilometer lang vor uns ausdehnt. Die weiße Sternwarte und ein große Kinderspielplatz liegen zwischen zwei Schenkeln des Waldes, die später zusammenführen Nach rechts finden wir den Zugang nur versteckt hinter einigen mehrgeschossigen Wohnblocks am Ende eines kleinen Parkplatzes.

Durch den Kiefernwald führen breite Sandwege mit Ruhebänken, die auf beiden Seiten mit kunststoffummanteltem Draht und Stachel-

draht begrenzt sind. Offensichtlich soll der Wald vor den Besuchern geschützt werden. Vom Kap aus hatten wir ein Reh gesehen, das durch die Düne hinter den Wohnhäusern vorbeistrich. Es gibt also nicht nur Kaninchen.

Der Hafen

Der Weg zum Hafen führt uns durch den Ortsteil Fischerhafen. In dieser kleinen Siedlung direkt neben dem Gewerbegebiet haben wir schon mit dem Auto erfolglos einen Hafen gesucht. Das war wohl mal vor langer Zeit. An Schrebergärten und dem kleinen „Eisteich" vorbei geht es auf den Deich. Hunde werden hier zum Kacken ausgeführt. Kaum jemand kümmert sich um die Hinterlassenschaft seines Tiers. Die in Abständen vorhandenen „Schietbüdel-Depots" werden kaum genutzt, wie an den „Tretminen" auf den Wegen zu sehen ist.

Was auf dem Stadtplan aussieht wie ein Hafenbecken, hat bei Flut gerademal Stehtiefe und dient der hier angesiedelten Surfschule als sicheres Übungsbecken für Anfänger und wenig Geübte. Darauf tummeln sich jetzt im Winter Möwen, Enten, Gänse und allerlei Vögel, die ihr Geschwätz zu uns rüberschicken. In der Ferne erkennen wir die lange Reihe von Wind-

energieanlagen auf dem Festland.

Der Landhaken Luisenruh in Richtung Sportboothafen hat unsere Neugier geweckt. Das verschlossene Seglerheim, wirbt mit Schild „geöffnet", wird aber derzeit renoviert. Die Luisenruh entpuppt sich einfach als eine künstliche Halbinsel mit einem Rundweg um ein Biotop. Zurück zum Kaiser-Pier.

Hafenmauer mit Kunst

Im Gegensatz zur Azoreninsel Faial, wo sich die Atlantiksegler an der Kaimauer von Horta mit Wandmalereien der unterschiedlichsten Art verewigen, ziert hier über viele Meter, von beauftragten Künstlern erstellt, eine bunte Sammlung von Leuchttürmen und typischen Schiffen der Region die Hafenmauer. Hübsch!

Wattwelten

Gleich neben dem Fährhafen steht das Museum „Wattwelten". Wir haben darüber gelesen, es aber im Stadtplan nicht gefunden, weil es bis 2015 „Nationalpark Haus" hieß. Dieser Name findet sich auch noch über dem Eingang als „Untertitel". Blickfang ist die einzigartige Fassade aus hellen Holzkeilen auf dunklem Untergrund, die sich unter Windeinwirkung zu Strukturen und Reliefs verdrehen und in ihrer Ge-

samtheit das Spiel der Elemente und Gezeiten versinnbildlichen sollen.

Weltnaturerbe Wattenmeer

Seit 1986 wird das Niedersächsische Wattenmeer als offizieller Nationalpark und Biosphärenreservate ausgewiesen. Von den über 8.000 Tierarten auf den Ostfriesischen Inseln leben rund 2.700 auf Norderney. Die meisten sieht man nicht; weil dazu auch Insekten, Spinnen, Wirbel- und Krebstiere sowie Milliarden von Würmern zählen. Die letzten Kornweihen, der größte und schnellste Greifvogel, brüten auf dem Norderneyer Golfplatz. Seit 2009 ist das deutsch-niederländische Wattenmeer als Weltnaturerbe anerkennt.

Das Innere der „Wattwelten" beeindruckt auf zwei Etagen nicht nur Kinder mit einem Superspiel zur spannenden Wissensvermittlung. Jeder Besucher bekommt einen elektronischen Speicher-Chip in der einem Stein nachempfundenen Form einer fünfeckigen Kunststoffplatte am Tragebändchen. Die Ausstellungsobjekte befassen sich natürlich alle mit dem Meer, es geht vor allem um Nachhaltigkeit und Naturwissen. An mehreren Stationen sind Aufgaben zu erfüllen und Fragen zu beantworten, deren Richtigkeit mit Punkten prämiert wird, die auf dem Chip gesammelt werden. Zum Beispiel, welche Fischsorten man mit gutem Gewissen verzehren darf. Am Ausgang wird das Ergebnis ausgelesen, ich tippe meinen Vornamen ein und erhalte als Überraschungsgeschenk eine Naturpark-Ansichtskarte mit meinem Namen in einer Sprechblase.

Der Besuch des großen „Frische-Markts" am Hafen wird ein Reinfall. Es dauert eine Weile, bis wir den Komplex umrundet haben und merken: Dies ist nur noch eine Ruine. Also besuchen wir wieder den naheliegenden Penny-Markt, für den kleinen Einkauf.

Ein Stück weiter erreichen wir den „Neuen Kurpark". Ein schöner Rundweg für Fußgänger und Radler führt um einen geschwungenen Teich. Kleine Wellen im Klinkerpflaster sollen angeblich dazu dienen, den Gleichgewichtssinn zu schulen. Den Teich bevölkert eine ziemlich große Schar an unterschiedlichen Wasservögeln, die sich lautstark bemerkbar machen.

Lieke Deelen

Zum Abendessen haben wir uns Lieke Deelen in der Kirchstraße ausgesucht. So stellt man sich ein gutes Restaurant auf Norderney vor. Eine ehrliche Karte. Einziger Schnickschnack: Kabeljau indonesische Art. Abendöffnung um

17.30 Uhr. Von außen sehen wir, wie der Ober Blumenvasen auf die Tische verteilt. Jedoch treffen wir auf die verschlossene Tür zum Restaurant. Punkt 17.31 Uhr hören wir den Schlüssel herumdrehen. Hatten wir erwartet, dass jemand von Innen die Türe öffnet? Ja. Iss aber nicht. Woher soll der Ober aber auch bei geschlossener Tür sehen, ob schon jemand davor steht. Wir greifen also erneut zur Türklinke und betreten das Restaurant. Alle Tische – circa 40 Plätze – zieren Reserviert-Kärtchen. Wir äußern unser Bedauern und wollen uns schon zum Gehen wenden, aber nach der Frage, wie viel wir denn seien, erhalten wir einen Platz zugewiesen. Aha, der Wirt will von Fall zu Fall entscheiden, wen er rein lässt und wen nicht. Innerhalb der nächsten zehn Minuten füllt sich das gesamte Lokal. Nachfolgende erhalten den Tipp, um 19.30 Uhr noch einmal zu kommen. Das Haus ist beliebt, das merkt man. Viele Gäste kennen den Wirt persönlich und duzen ihn.

Die Speisekarte erscheint ein bisschen groß. Das kann nicht alles frisch sein. Oder doch? Rindersteaks und Schweinefilet lassen sich vakuumieren und relativ schnell verarbeiten. Auf der Fischkarte finden sich Kabeljau, Seelachs, Nordseezunge, Schollenfilets, Rotbarsch (bedroht), Hering, Heilbutt, Geräuchertes. Die Preise variieren von unter zehn Euro für einfache Gerichte bis um die 20 Euro. Eine gute Auswahl von Weinen mit Winzerherkunft.

Wir bestellen Kutterscholle mit Salat und Salzkartoffeln. Dazu zwei Dornfelder trocken, mit 5,90 für 0,2 Liter ein stolzer Preis. Aber er ist bestens temperiert und schmeckt köstlich. Innerhalb von fünf Minuten steht ein prächtiger gemischter Salat vor uns, interessant darin: ein Krautsalat mit Curry abgeschmeckt. Und jetzt, auf ins Kino im Kurtheater.

Kurtheater

Eigentlich stellt man sich so ein pompöses Gebäude im Tudor- oder Barockstil eher in Wien oder Budapest vor. Als Vorbild diente 1893 das Hannoveraner Opernhaus. Nach der Erfindung des Kinos wurde es 1924 als Filmtheater erweitert. Und es dient auch heute noch als Spielort für Theater, Konzerte, Comedy, Schlagerevents und eben als Kino. Was für ein eleganter Raum in Weiß, Gold und Rot. Von Säulen eingefasst, teilt er sich in Parkett, Orchesterlogen, in Rang- und Balkonlogen. Eigentlich viel zu elegant für ein Kino und für uns, die rustikal gekleideten Winterbesucher in Stiefeln und Daunenjacken.

Allgemeines Gelächter und Scherze, weil anfangs nur acht Leute im Kino sitzen. Einige kommen über die Seiten-Ränge herein, merken schnell, dass dies kein guter Platz zum Kinogucken ist. Am Ende sind es doch rund 50 Leute, die sich alle in den 363 roten Kordsamt-Sesseln so platzieren, dass sie den Hinterleuten nicht im Blickfeld sitzen. Entspannend. Kino ohne Popcorn und Chips mit Soße. Auch ohne Werbung, ohne Vorfilm, nur ein paar Hinweise auf künftig erscheinende Filme, die in Wirklichkeit schon längst gelaufen sind. Klar, auch der aktuelle Til-Schweiger-Film „Honig im Kopf" lief ja bereits vor einem halben Jahr in den größeren Kinos.

Donnerstag

Heute lockt uns das schlechte Wetter nicht gerade nach draußen. Wir lassen es langsam angehen und wollen bei einem kleinen Einkaufsbummel noch ein paar Mitbringsel für unser „Hauspflegeteam" besorgen und uns mit einem kleinen Vorrat an Spezialitäten eindecken.

Norderneyer Spezialitäten

In jeder Bäckerei gibt es fantasievolle Namen für extragroße Brötchen und spezielles Brot. Die Norderneyer beispielsweise nennen, ein üppig mit Marzipan gefülltes Blätterteig-Gebäck im Format eines Lineals „Friesische Teestange"

Die Metzgerei Deckena in der Strandstraße, in der Saison auch in der Friedrichstraße, produziert an der Seeluft getrockneten Schinken in handwerklichen Mengen. Das Schweinefleisch wird gepökelt und dann acht Monate an der Nordseeluft getrocknet. Er schmeckt köstlich wenn man ihn mit einem scharfen Messer hauchdünn aufschneidet und aufs Butterbrot legt. Dass man ihn in ganz Deutschland als „Original Norderneyer Seeluftschinken" kaufen kann, ist der Norderneyer Schinken GmbH zu verdanken, die im Gewerbebetrieb in großen Mengen industriell produziert. Deckena bietet noch Norderneyer Nordsee-Salami in 330-Gramm-Stücken zum Mitnehmen als Mitbringsel. Schmeckt wirklich geil. Auf Norderney gibt es weder Landwirtschaft noch Schweine. Das Fleisch wird also vom Festland angeliefert und stammt aus Niedersachsen und Westfalen.

Selbstverständlich gehört Friesischer Tee in allen Varianten und Geschmacksrichtungen zu den Angeboten, aus denen wir uns im Zuckerhuus liebevoll gestaltete Arrangements zusammenstellen lassen. Für unseren Enkel eine Kollektion Fruchtgummi in Hummerform, Möweneier und Lakritz.

Die König-Brasserie

Für das Abendessen haben wir uns die König-Brasserie in der Friedrichstraße ausgesucht.

Ein gediegenes bis vornehmes Lokal. Etwa 40 Plätze mit relativ kleinen Tischen drängeln sich auf zwei Ebenen. In die engen Gänge passt nur jeweils eine Person. Die Bedienung muss sich geschickt durch die Engpässe schlängeln. Öffnet ab 17.00 Uhr. Um 19.30 Uhr war schon wieder oder noch viel Platz. Bernhard bestellt und genießt "Viererlei Fisch" mit Kartoffeln und Salatteller für 22 Euro. Mein überbackenes Lachsfilet mit Tomate, Mozzarella, Knoblauch und Röstitaler für etwa 16 Euro schmeckt ebenfalls ausgezeichnet. Dazu gibt es einen sehr ordentlichen Merlot für 5,90. Der sehr zuvorkommende Kellner serviert das Essen innerhalb von 15 Minuten.

Wanderung zur Weißen Düne

Für Freitag, den letzten Tag, haben wir uns die Strand-Wanderung zur „weißen Düne" vorgenommen. Das Wetter könnte besser sein, aber mit unserem Outfit sollten wir auch mit dem recht frischen Wind zurechtkommen. Einen kleinen Abschnitt der Strandpromenade kennen wir schon vom ersten Tag. Eine Struktur von versetzten Steinstufen im Deich lädt zum Hinsetzen ein, sollen aber als Wellenbrecher

die Wucht der Nordsee zügeln. Abriegelbare Deichtore in mehreren Ebenen schützen die Stadt vor dem Absaufen durch überlaufendes Wasser. Für uns Laien sieht das vorbildlich aus.

Diese neue und gut gepflegte Anlage zum Spazierengehen reicht vom Fähranleger über sechs Kilometer praktisch um die ganze Stadt herum bis einen Kilometer vor der Weißen Düne. Hier beginnt auch im Sommer ein Eldorado für Starkwind-Surfer.

Wir starten an der Milchbar (Kaiserwiese), wo die Friedrichstraße auf den Deich mündet. Etwa vier Kilometer sind es zur Weißen Düne. Etwas über 90 Minuten benötigen wir mit unserem gemütlichen Kurschritt. Die Hälfte der Strecke verläuft auf der Strandpromenade, die noch bis weit hinter der Nordseeklinik ausgebaut ist. Dann geht es am Strand weiter. Der Boden wechselt ständig von weichem Sand, in dem man versinkt bis zu verfestigten Flächen, die die Flut immer wieder überspült. An manchen Stellen bildet sich so auch eine regelrechte Muschelstraße. Hier zertreten wir mit jedem

Schritt knirschend viele der kleinen Herzmuscheln, Miesmuscheln und andere Arten. Eigentlich schade. Zum Glück gibt es hier Unmengen davon. Kleine rote, rund geschliffene Steine, Reste von Ziegelsteinen, erinnern an in Sturmfluten untergegangene Häuser. Eine Reiterin. Wenig Hunde. Eine zerwurstelte Decke, die wohl irgendwo über Bord gegangen ist, gammelt am Strand wie eine verwesende Leiche herum. Ein paar Möwen. Ein angefressener Taschenkrebs. Die Nordsee wirft sich mit aller Macht an den Strand.

Etwa hundert Menschen ziehen heute um die Mittagszeit am Strand entlang. Viele davon finden wir anschließend im Restaurant „weiße Düne" beim Mittagessen wieder. Wir setzen uns in eine Ecke mit gemütlichen Polsterbänken zu einem Paar aus Dortmund. Da Bern-

hard dort viele Jahre gearbeitet hat, entspinnt sich gleich eine lebhafte Unterhaltung.

Von den hochprozentigen Heißgetränken lassen wir heute lieber die Finger. Bernhard hält sich an ein Pils vom Fass und ich genieße einen rheinhessischen Weißburgunder. Bernhard bestellt einen „Emder Matjesteller" mit geräuchertem Matjes, Schwarzbrot und Schnibbelbohnen. Bei meinen „Fisch und Chips" kommen die halben gebackenen Kartoffeln lustig drapiert in hygienischen Papier im Zeitungslook. Wir verabschieden uns von den Dort-

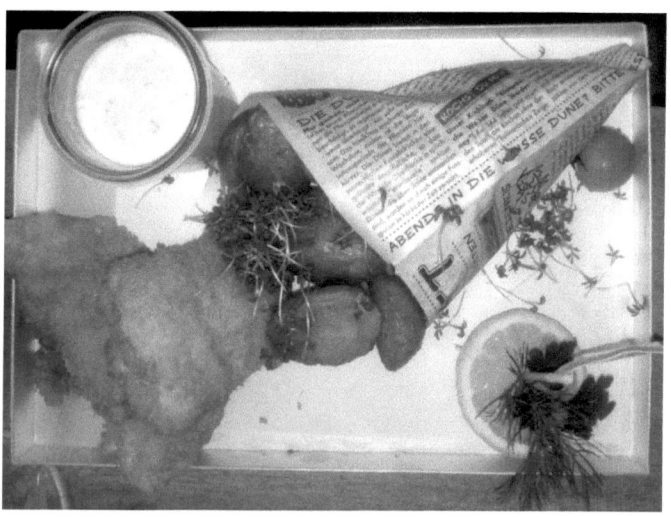

mundern, um zum Bus zu gehen. Nach kurzer Zeit besetzen wir dann wieder die zum Glück noch freien Plätze auf der Polsterbank. Der

Bus fährt entgegen unserer Information nur im Zwei-Stunden-Takt. Wir wollten das Essen sowieso mit einem Espresso beschließen.

Um 15.12 Uhr geht es zurück in den Ort bis zum Busbahnhof. Das kostet 2,20 Euro pro Person für fünf Minuten Fahrt. Eine Ermäßigung durch die NC-Card gibt es bei dieser Linie nicht.

Auf dem Weg nach Hause sorgen wir noch für Rotwein und Brötchen. Dann müssen wir packen.

Trinkwasser

Schon am ersten Tag war Bernhard das gelbliche Wasser in der Toilettenspülung aufgefallen. Im Wasserglas konnten wir die Verfärbung nicht sehen. Wir vermuten eine umweltschonende Toiletten-Spülung mit Brauchwasser. Des Rätsels Lösung finden wir in einer kleinen Broschüre im Conversationshaus. Es liegt an der besonderen Wasserversorgung der Insel. Norderneys Trinkwasser speist sich aus einer Süßwasserlinse, die unter der Insel liegt. Das Niederschlagswasser verdrängt das Salzwasser bis zu einer Tiefe von 80 Metern. Von dort wird es an zwei Stellen gefördert; der größte Anteil im Wasserwerk „Weiße Düne".

Der von jedem Punkt der Insel, sogar noch bis Norddeich sichtbare 42 Meter hohe Wasserturm, wurde 1929 erbaut. Mit seinem Fassungsvermögen von 500 Kubikmetern sorgt er für den nötigen Druckaufbau, um alle Haushalte und Hotels mit fließendem Wasser auch in höher gelegenen Räumen zu versorgen. Nachts erstrahlt er im Licht grüner Leuchtdioden. Eine interaktive, hoch auflösende Webcam auf der Turmspitze lässt sich übers Internet vom heimischen Computer in fest eingestellte Positionen schwenken.

Obwohl die Zahl der Urlauber zunimmt, stagniert der Wasserverbrauch durch Nutzung technischer Verbesserung und durch bewussteren Umgang mit Trinkwasser. Bei der Gelbfärbung des Wassers handelt es sich um sogenannte Huminstoffe, die aus den im Boden eingelagerten Ton- und Torfschichten stammen. Auch der Gehalt an Eisen- und Manganverbindungen sei leicht erhöht, aber alles völlig unbedenklich.

Rückfahrt.

Wir stehen etwas früher auf, damit wir die Fähre nicht verpassen. Bernhard geht erst mal das Auto holen. Inzwischen kennt er den kürzesten Weg und kommt ziemlich schnell wieder zurück. Ein Anwohner habe gemosert, weil er auf dem breiten Bürgersteig parkt.

Obwohl wir die leeren Pfandwasserflaschen mit zurücknehmen, haben wir plötzlich mehr Platz im Auto, als auf der Hinfahrt. Nicht nur das, die Fähre fährt erst in einer Stunde. Nach einer kleinen Rundfahrt landen wir, immer noch viel zu früh, am Fährhafen. Die Fähre legt gerade an. Ich versuche am Kontrollhäuschen, wo letztendlich die Kurtaxe überprüft wird, eine von den NC-Karten mitzunehmen. Der Kontrolleur lässt nicht mit sich reden. Wir reihen uns als zweites Fahrzeug in die erste Spur ein.

Der Salon auf dem Schiff ist nur mäßig besetzt. Unser Frühstück kommt schnell: Brötchen,

Brot, Butter, Marmelade, Schokocreme und eine Extra-Portion Räucherlachs; die reicht für zwei. Wieder macht uns der Kapitän auf die Seehund-Sandbank aufmerksam. Das Wetter ist klar und wir sehen sie wie Leberwürste in Reih und Glied.

Nach einer halben Stunde merke ich, dass die Fähre auf der Stelle steht. Bernhard glaubt mir nicht. Eine optische Täuschung? Festgefahren im Schlick, schießt es mir durch den Kopf. Wie viele Stunden kann das dauern? Ob sie genug Essen und Trinken an Bord haben? Und womöglich hier übernachten? Ich habe eine Wolldecke im Auto und unsere Kopfkissen. Keine Ansage vom Kapitän. Nach zehn Minuten sehen wir den Grund. Wegen der engen Fahrrinne musste unsere Fähre erst den Gegenverkehr durchlassen. Danach schippern wir flott und zielstrebig nach Norddeich. Wir blicken zurück. Norderneys Wasserturm ragt am Horizont noch immer aus dem Dunst.

Nützliches zur Vorbereitung

Unterkunft

Wer bei der Unterkunft Flops vermeiden möchte, surft am besten nur interessehalber im Internet und wendet sich dann direkt an die Kurverwaltung. Die hier angebotenen Ferienwohnungen werden auf Standards überprüft. Dann kann man auch besser reklamieren.

Staatsbad Norderney GmbH
Am Kurplatz 3
26548 Norderney
Telefon: 04932-891-900
Fax: 04932-891-112
www.norderney.de
info@norderney.de

Schiffsfahrplan

In der Nebensaison ab Norddeich: acht bis neun Mal täglich. In der Hauptsaison fahren die Fähren außer um 6.15 Uhr jede volle Stunde bis 17.00 Uhr; danach noch um 18.15 und 20.30 Uhr.
Ausnahmen gibt es zu den Weihnachtsfeiertagen, Ostern, Himmelfahrt.
Also vorher besser im Internet checken.

Schiffsausflüge

werden angeboten zu den Seehundbänken, nach Juist, Baltrum, Langeoog, Spikeroog.

Kurkonzerte

Für die Sommermonate sind jedes Jahr als besonderes Schmankerl die 40-köpfigen Warschauer Symphoniker engagiert.

Sternwarte:

Wieder zuhause, ergab sich Witziges. Zwar wusste ich, dass der Schatzmeister unseres Vereins aus Norderney stammte, ich hatte ihm aber nichts von unserem Reiseziel erzählt, sondern lediglich mit seiner Frau darüber gesprochen. Jedenfalls fragte er mich nach unserer Rückkehr ein wenig aus und – unfassbar – wir

waren in einer Ferienwohnung in einem Haus seiner Cousine gelandet. Er konnte mir den Hinterhof, die Vorderfront und die Straße perfekt beschreiben. Es muss mal ein stolzes Kapitänshaus gewesen sein, zumindest zur Straße hin. Dann erzählte ich ihm von unserem Waldspaziergang und die Aussicht auf die weiße Sternwarte, die vom Kap aus zu sehen ist.

Und - als wenn es mit den Zufällen noch nicht genug war: Die Sternwarte hatte sein Onkel, Wilhelm Dorenbusch, 1962 erbaut. Sie trägt seinen Namen heute noch. Der gelernte Tischler hatte sie selbst entworfen und praktisch auf sein Wohnhaus draufgesetzt. Die Kuppel ist heute über eine Wendeltreppe zu erklimmen.

Das Bild zeigt Wilhelm Dorenbusch mit seiner Nichte vor der Sternwarte.

Die spannende Geschichte über sein erstes Fernrohr und sein selbstkonstruiertes Spiegelteleskop findet man unter www.sternwarte-norderney.de. Der Astromische Arbeitskreis erklärt Urlaubern von März bis Oktober jeden Dienstagabend den Sternenhimmel. Er sei auf Norderney, wo es kein Lichtmeer wie in Städten gibt, besonders gut zu sehen.

Was wir versäumt haben:

- Anbaden am Weststrand zu Neujahr
- Leuchtturm besteigen: April bis Oktober
- Sternwarte: März bis Oktober
- Bade-Museum
  www.museum-norderney.de
- Fischerhaus-Museum
- Stadtführung: Frühjahr bis Herbst
- Inselrundfahrt mit Bus
  www.bus-fischer.de
- Spielbank

Norderneys Historie

Von „Ballermann des Nordens" sprach Bürgermeister Frank Ullrichs am Neujahrsempfang 2016 im Conversationshaus. Das machte uns neugierig auf die gesamte Entstehung des Seebades Norderney. Dazu müssen wir in der Geschichte weit zurück.

Als sich am Ende der Eiszeit der Wasserstand durch die schmelzenden Pole hob, bröckelte die Verbindung zwischen England und Frankreich. Der Sog, der durch den heutigen Ärmelkanal spülte, schwemmte in Jahrtausenden Schlick und Lehm zu einem Strandgürtel von Den Helder (Nord-Holland) bis nach Dänemark. Pflanzen fingen Flugsand ein und banden ihn. Die so aufgetürmten Barrieren verschlossen den Süßwasserflüssen den Weg zum Meer. Stauwasser überschwemmte das Festland und bildete das Watt. Meerseits portionierte die Nordsee die ursprünglich zusammenhängende Dünenkette zu Inseln. Unablässig bis heute verändert das Meer deren Formen und Größe. Was im Westen abbricht, wächst im Osten nach. Inseln gingen unter oder zerbrachen. Norderney bildet dabei keine Ausnahme.

Im 14. Jahrhundert gab es in Ostfriesland die Insel Buise. In mehreren Sturmfluten zerbrach die Insel, übrig blieb nur der östliche Teil, der Osterende hieß und östlich vom heutigen Norderney lag. Auch der Inselteil Osterende wurde 1651 von der sogenannten Petriflut zerstört. Übrig blieb Norderney, um 1550 als Norderoog und Norder-nye-oog benannt. Den heutigen Namen gibt es seit Ende des 16. Jahrhunderts.

Norderney ist circa 14 Kilometer lang und zwei Kilometer breit. Wie die anderen friesischen Inseln befindet sich auch Norderney auf der sogenannten West-Ost-Wanderung. Das bedeutet: große Sturmfluten bauen die Inseln im Westen ab und der Sand wird im Osten wieder angelandet. Immer wieder wurden Barrieren zum Schutz der Insel vor der Nordsee aufgebaut. Die Basis der jetzigen Deichverbauung stammt aus 1858. In vergangenen Jahrhunderten wurde der Uferschutz immer wieder verstärkt. Die heutige Deichanlage am Nordstrand mit der Uferpromenade über rund sechs Kilometer stammt aus dem 21.Jahrhundert.

Die Ureinwohner Norderneys sind Friesen vom Festland. Sie kamen im 16. Jahrhundert, vermutlich, weil man hier besser fischen konnte. Im Gegensatz zu den Festland-Friesen bewahrte die Nordsee den Insel-Friesen mehr Freiheit, selbst wenn sie kein eigenes Land besaßen und vom Inselvogt regiert wurden. Eine wichtige Einkommensquelle war das Bergen von Strandgut, wenn Schiffe vor der Küste zerschellten. Es ist überliefert, dass seinerzeit auf einigen friesischen Inseln Lichtsignale für die Seefahrt mit Absicht gelöscht und Irrlichter aufgestellt wurden, damit man an die Ladung der Schiffe kam. Diese Schätze versteckten sie erst vor dem Vogt in den Dünen und verkauften sie dann heimlich.

Bis 1750 war die Fischerei die Haupterwerbsquelle der Norderneyer. Seit der Entwicklung der Frachtschifffahrt verdingte sich fast ein Viertel der Bevölkerung als Schiffsbesatzung, vom Kapitän bis zum Schiffsjungen. Wer etwas werden und verdienen wollte, ging zur Seefahrt.

Die Norderneyer waren in früheren Epochen allem Neuem und auch Zugezogenen gegenüber zurückhaltend. Eltern erlaubten ihren Kindern nicht, „Landfremde" zu ehelichen. Die Folge war eine Anhäufung gleicher Namen wie Rass, Kluin, Bents, Lührs und Visser, wenn nicht sogar Inzucht. Allein in der Stadtverwaltung arbeiten heute drei Vissers, unter anderem der Marketingdirektor, mit dem wir ein langes Gespräch führten.

Es ist belegt, dass bereits 1783 ein Pastor Janus auf Juist an die Ostfriesische Provinzialregierung einen von ihm verfassten Bericht schickte, mit dem er das Baden in der See als Heil- und Stärkungsmittel empfahl. Die Tatsache, dass zu jener Zeit eine Insel in der Nordsee nur abenteuerlich zu erreichen war, ließ diese Empfehlung in Vergessenheit geraten.

1797 schrieb der auf Norderney wohnende Landphysicus Dr. von Halem an die Ostfriesischen Landstände und empfahl die Insel für die Errichtung einiger Badeanstalten, zumal sich bei Ebbe der Zusammenhang mit dem festen Land zeigte.

Schon vor Errichtung eines öffentlichen Seebades auf Norderney fanden sich regelmäßig Besucher von Festland ein, um Krankheiten zu kurieren und sich zu erholen. Anfang des 19.

Jahrhunderts reisten die Urlauber mühsam mit Rhein-Schiffen nach Rotterdam und mit der Kutsche nach Amsterdam. Von dort fuhr drei Mal wöchentlich ein Dampfer über die damals noch nicht abgeriegelte Zuiderzee nach Harlingen in Nordholland. Mit Wagen oder Zugschiffen (Treckschuiten) fuhren sie nach Groningen oder Delfzijl und von dort mit dem Schiff über Emden, Norden und Norddeich. Von Norden fuhr das Dampffährschiff „Stadt Norden" und brauchte damals auch nur 45 Minuten zur Überfahrt wie die heutigen Fähren. Allerdings konnte man die Insel bei Ebbe auch zu Fuß und mit Fuhrwerk erreichen. Trotzdem kann man sich ausrechnen, dass diese lange Anreise sich nur bei einer längeren Aufenthaltsdauer auf der Insel lohnte. Kein Vergleich zur heutigen Zeit.

König Friedrich Wilhelm II. von Preußen genehmigte 1797 die Gründung des Seebades Norderney, das erste deutsche Seebad an der Nordseeküste. Die Norderneyer waren erst nicht sehr begeistert, Fremde aufzunehmen. Nur der Inselvogt Feldhausen, nach dem eine Straße benannt ist, baute ein größeres Haus als Fremdenunterkunft. Auch der Medizinalrat Dr. von Halem zog am gleichen Strang, Norderney als Seebad zu entwickeln. 1799 entstand ein noch strohgedecktes Konversationshaus. Um 1800 baute man - nach heutigem Ermessen - ein primitives Warmbadehaus. Für die Strandbäder wurden drei Badekutschen angeschafft, wie sie heute noch als typisch für Norderney gelten. Mit ihnen wurden die Badenden – mit einem Coupon mit laufender Nummer versehen - ins Wasser gezogen, so dass sie nicht für jedermann sichtlich über den Strand laufen mussten, sondern heimlich aus dem Karren ins Wasser hüpfen konnten. Und genauso kamen sie auch wieder zurück.

1804 beschränkte sich die Zahl der jährlichen Gäste auf rund 500, die in dem kleinen Inseldorf mit 106 Häusern untergebracht wurden. Sie schliefen nicht selten in sogenannten Wandbettstellen. Auch heute sind Wandbetten etwas Typisches, um Schlafplatz in kleinen Appartements zu schaffen.

Nur die napoleonischen Kriegswirren unterbrachen diesen Siegeszug. Ganz Ostfriesland stand unter französischer Besatzung. Aus dieser Zeit stammt die Napoleonschanze, die Norderneyer in Frondienst aufbauen mussten. Der Wiener Kongress teilte 1815 Ostfriesland dem Königreich Hannover zu, das für den kontinuierlichen Aufbau des Seebads sorgte. Unter der ideellen Obhut von König Ernst

August II. und dessen Sohn Georg V., der häufig auf Norderney urlaubte, fühlten sich viele wohlhabende und adelige Familien angezogen, die hier mehrere Wochen verbrachten. Es wurden Sommerresidenzen erbaut. Und vor allem die Witwen der auf See gebliebenen Männer verdienten sich mit der Vermietung von Zimmern ihren Lebensunterhalt. Von da an ging es rapide aufwärts: 1820: 832 Gäste; 1840: 1508 Gäste; 1850: 2077 Gäste; 1871: 5566 Gäste; 1878: 7017 Gäste.

Damals gab es auch noch eine Unterscheidung zwischen Damen- und Herrenstrand. Auch heute noch gibt es den Damenpfad und den Herrenpfad. Waren am Badestrand und auf der Marienhöhe Flaggen gehisst, durfte der Strand und seine Umgebung nicht von Männern betreten werden. Hunde mitzubringen war verboten.

Nach Vereinigung der Königshäuser Hannover und Preußen entwickelte sich der Badebetrieb zur Haupteinnahmequelle. In der Saison 1900 gab es schon knapp 26.000 Urlauber. Ende der 1980er Jahre wurden eine Wasserleitung und die Schwemmkanalisation angelegt, ein Gaswerk gebaut. Große Hotels entstanden in Strandnähe. Als Politprominenz der Neuzeit besuchten nahezu alle ehemaligen Bundeskanzler (Ausnahme Helmut Schmidt) die Insel.

2017 feiert Norderney sein 220. Jubiläum als Seebad. Mit besonderen Feierlichkeiten ist zu rechnen. Vielleicht kommt ja Angela Merkel?

Zu guter Letzt:

Eine Partner-Suchanzeige aus dem Norderney-Kurier:

Suche Frau zwischen 70 und 80 Jahre, bin freundlich, zuvorkommend und tierlieb, habe einen Schäferhund (17 Jahre), bin naturlieb und züchte Blumen (großer Blumenfreund), bin echt Ostfriese, bin nicht motorisiert. Bin kein Freund von Reisen. Trinke gerne Schnaps und Bier. Chiffre.

Stichwortverzeichnis

Conversationshaus	21, 31
Flughafen	41
Hafen	50
Haus Schifffahrt	23
Historie Norderney	72
Kap	46
Kaiser-Wilhelm-Denkmal	45
König-Brasserie	59
Kurtheater	56
Lieke Deelen	54
Norderney Card	30
Spezialitäten	58
Sternwarte	70
Thalasso-Plattform	36
Touristinformation	22, 27
Trinkwasser	65
Wald	48
Wattwelten	52
Weiße Düne	37, 43, 60